2024

小网球规则

中国网球协会　审定

CHINESE
TENNIS
ASSOCIATION

人民体育出版社

图书在版编目（CIP）数据

小网球规则 . 2024 / 中国网球协会审定 . -- 北京：人民体育出版社 , 2024. -- ISBN 978-7-5009-6480-3

Ⅰ. G845

中国国家版本馆 CIP 数据核字第 2024U572E9 号

*

人民体育出版社出版发行
北京中科印刷有限公司印刷
新 华 书 店 经 销

*

850×1168 32 开本 2.25 印张 57 千字
2024 年 9 月第 1 版 2024 年 9 月第 1 次印刷

*

ISBN 978-7-5009-6480-3

定价：15.00 元

社址：北京市东城区体育馆路 8 号（天坛公园东门）
电话：67151482（发行部） 邮编：100061
传真：67151483 邮购：67118491
网址：www.psphpress.com

（购买本社图书，如遇有缺损页可与邮购部联系）

编委会

主　任：白喜林
副主任：万建斌　孙文兵　杨成波
顾　问：蒋宏伟
编　委：（以姓氏笔画为序）
　　　　苏　姝　陈　海　陈　强　周琰皓　郭净璞

编写组

顾　问：蒋宏伟
主　编：杨成波　郭净璞
副主编：陈　海　周琰皓　苏　姝
成　员：（以姓氏笔画为序）
　　　　杜传佳　张晓珍　夏陈容　崔志博　梁森琦
　　　　雷正方　熊　瑾　黎智华　黎　庆

前言

　　为进一步贯彻落实国家体育总局、教育部联合印发的《关于深化体教融合　促进青少年健康发展的意见》，推动青少年文化学习和体育锻炼协调发展，促进青少年健康成长，培养德智体美劳全面发展的社会主义建设者和接班人，中国网球协会与中国学生体育联合会共同推出了"小网球工程"。

　　"小网球工程"吸收借鉴了国外 Mini Tennis 和 Play&Stay 推广项目的相关规则和项目特点，开发出尺寸更小和重量更轻的球拍、更软的球、更小的场地、更简单的规则和更丰富的参与形式，把球拍和球变成少年儿童的玩具，实现了网球运动参与的便捷化、形式的游戏化和场景的多元化。"小网球工程"倡导"小网球、大健康""小网球、大教育""小网球、大快乐""小网球、大产业"等新理念，让少年儿童尽早接触网球、喜欢上网球；让小网球参与者都能动起来、乐起来、玩起来和强起来；让小网球成为带动网球发展的新引擎、少年儿童健康成长的新能量、美好生活的新方式、体教融合的新纽带、体育产业的新空间、国际交流的新平台。

"小网球工程"以小网球规则为引领，以教育培训和赛事体系建设为抓手，以组织保障、市场机制和文化传播为支柱，充分发挥评估认证、试点示范、荣誉激励和品牌价值的驱动作用，最终落地到"进家庭、进幼儿园、进学校、进社区、进乡村"的"五进"推广工作中。

中国网球协会组织编写、审定了《小网球规则（2024）》。本书作为"小网球工程"的重要引领项目，对于推广和普及小网球运动项目具有重要意义。本书包含"小网球游戏规则""小网球竞赛规则""小网球基本技术单项挑战赛竞赛规则"三部分，以及"小网球参赛指引""小网球竞赛工作指南"附录，目的是使相关人员组织、参与小网球运动和竞赛时有章可循和有据可依。

需要特别说明的是，因参与者在年龄、运动能力、接触时间、网球技能等方面会不可避免地存在一定差异，适合少年儿童参与的网球游戏、竞赛组织形式不一而足，练习组织形式和技术组合也多种多样。为便于统一，本书仅根据相关群体的基本特点，选取了具有一定代表性的游戏形式、组织形式和单项技术作为规则范本，更多内容呈现在《小网球教练员指导手册》系列图书之中。在组织具体活动时，主办方也可根据比赛条件、参与人数、参与人员技术水平、年龄等灵活调整竞赛组织形式和竞赛难度系数等。本书中未提及的情况，裁判员可依据中国网球协会审定的最新版《网球竞赛规则》执行。

中国网球协会

目录

第一部分　小网球游戏规则 ········· 01

第1节　大白球组游戏规则 ········· 02
第1条　适用人群 ················ 02
第2条　球 ······················ 02
第3条　场地 ···················· 02
第4条　球拍 ···················· 02
第5条　游戏组织及游戏规则 ······ 02

第2节　小黄球组游戏规则 ········· 05
第1条　适用人群 ················ 05
第2条　球 ······················ 05
第3条　场地 ···················· 05
第4条　球拍 ···················· 06
第5条　游戏组织及游戏规则 ······ 06

第3节　海绵球组游戏规则 ········· 09
第1条　适用人群 ················ 09
第2条　球 ······················ 09
第3条　场地 ···················· 09

01

第 4 条　球拍 ·· 10

　　第 5 条　游戏组织及游戏规则 ······························ 10

第 4 节　红球组游戏规则 ··· 14

　　第 1 条　适用人群 ·· 14

　　第 2 条　球 ··· 14

　　第 3 条　场地 ·· 14

　　第 4 条　球拍 ·· 15

　　第 5 条　游戏组织及游戏规则 ······························ 15

第二部分　小网球竞赛规则 ·· 19

第 1 节　红球组竞赛规则 ··· 20

　　第 1 条　适用人群 ·· 20

　　第 2 条　球 ··· 20

　　第 3 条　场地 ·· 20

　　第 4 条　球拍 ·· 21

　　第 5 条　赛制 ·· 21

第 2 节　橙球组竞赛规则 ··· 22

　　第 1 条　适用人群 ·· 22

　　第 2 条　球 ··· 22

　　第 3 条　场地 ·· 22

　　第 4 条　球拍 ·· 23

　　第 5 条　赛制 ·· 23

第 3 节　绿球组竞赛规则 ··· 24

　　第 1 条　适用人群 ·· 24

　　第 2 条　球 ··· 24

　　第 3 条　场地 ·· 24

第 4 条　球拍 ·· 25

第 5 条　赛制 ·· 25

第三部分　小网球基本技术单项挑战赛竞赛规则 ···· 27

第 1 节　线下挑战赛竞赛规则 ································ 28

第 1 条　上手发球 ·· 28

第 2 条　接发球 ·· 29

第 3 条　底线击落地球 ··· 30

第 4 条　截击球 ·· 31

第 5 条　高压球 ·· 32

第 6 条　削球 ··· 33

第 2 节　线上挑战赛竞赛规则 ································ 35

第 1 条　组别设置 ·· 35

第 2 条　项目设置 ·· 35

第 3 条　竞赛组织 ·· 35

第 4 条　计分方法 ·· 41

附录 I　小网球参赛指引 ·· 43

附录 II　小网球竞赛工作指南 ···································· 49

参考文献 ·· 59

小网球规则
2024

第一部分
小网球游戏规则

第1节 大白球组游戏规则

第1条 适用人群

主要适用于4岁及以下幼儿。

第2条 球

大白球：填充空气气球，球体直径14~16厘米，重量46~48克。

第3条 场地

场地平整，矩形。可根据游戏练习内容、参与人数等自行调整场地大小。

第4条 球拍

建议用拍规格：手掌拍/15英寸（38.1厘米）。

第5条 游戏组织及游戏规则

1. 直线运球

游戏组织：将直线地贴间距4米横向放置在场地，一侧直线地贴处放置3个大白球，准备时小球员站在另一侧直线地贴处，面朝大白球，听到"开始"口令后快速跑动，将3个球依次徒手运回至出发位置。

游戏规则：小球员有1次比赛机会，每次只能运1个球，将球放至出发位置计为成功。累计完成 3 次运球的总时间计为比赛成绩，计时决定比赛成绩。

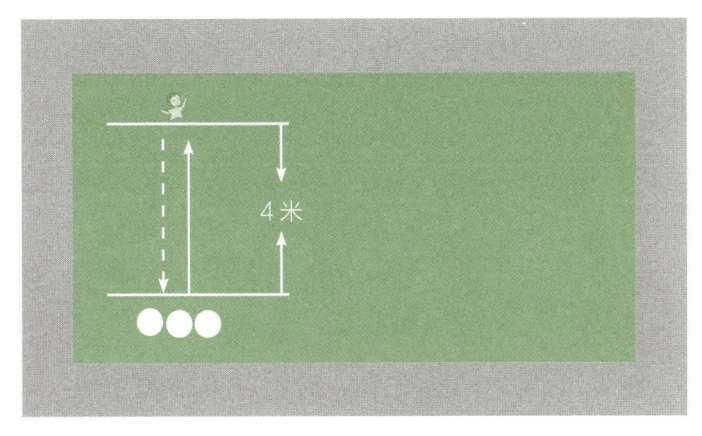

图 1　直线运球

2. 左右触球

游戏组织：将直线地贴间距 4 米横向放置在场地上，中间 2 米

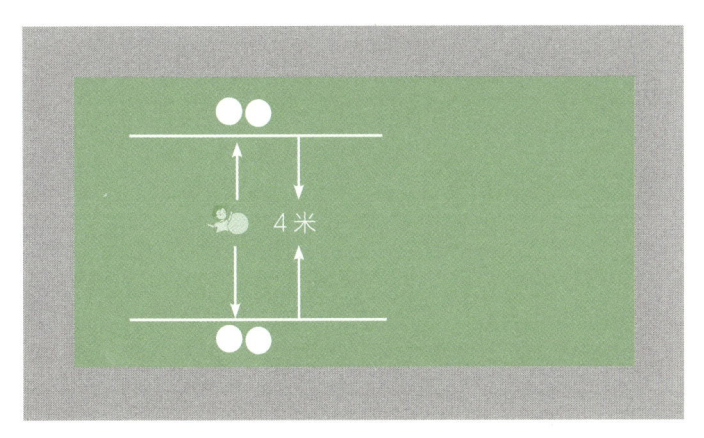

图 2　左右触球

处放一个圆形地贴为起点,两侧直线地贴处分别放置 2 个大白球,准备时小球员站在圆形地贴上,听到口令开始后,小球员左右跑动徒手触球。

游戏规则:小球员有 1 次比赛机会,不规定移动路线,每次跑动只能触 1 个球,计时决定比赛成绩。

第2节 小黄球组游戏规则

第1条 适用人群

主要适用于 4~5 岁儿童。

第2条 球

小黄球：填充空气气球，球体直径 12~14 厘米，重量 39~41 克。

第3条 场地

场地规格可选区间：长 5.49~9.14 米；宽 2.74~4.27 米；中央网高 0.76~0.80 米。

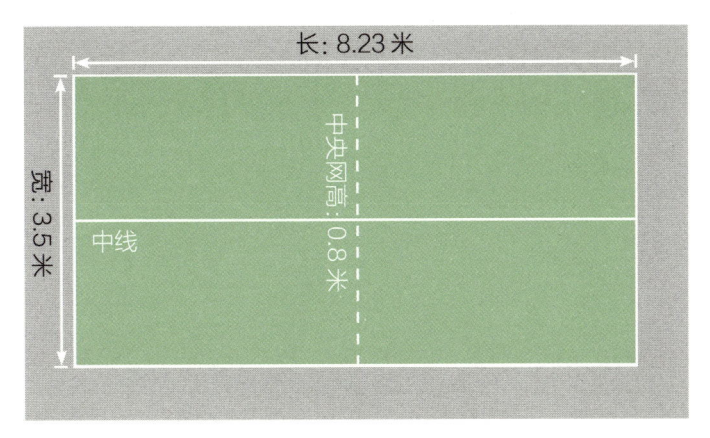

图3 建议常规场地规格

建议常规场地规格：长 8.23 米；宽 3.5 米；中央网高 0.8 米（日常练习时，场地宽度和中央网高可根据实际情况在"可选区间"内调整）。

第 4 条 球拍

建议用拍规格：15 英寸（38.1 厘米）/17 英寸（43.2 厘米）。

第 5 条 游戏组织及游戏规则

1. 绳梯并步跳

游戏组织：将 7 节绳梯平铺在场地，每节绳梯间距 50 厘米，准备时小球员站在绳梯前，双手屈臂握拳抬平，听到"开始"口令后，用并步跳的方式连续前进，直至跳过最后一个绳梯。

游戏规则：小球员有 1 次比赛机会。比赛过程中碰到绳梯计时不停，每碰到 1 次绳梯在最终成绩中增加 5 秒，计时决定比赛成绩。

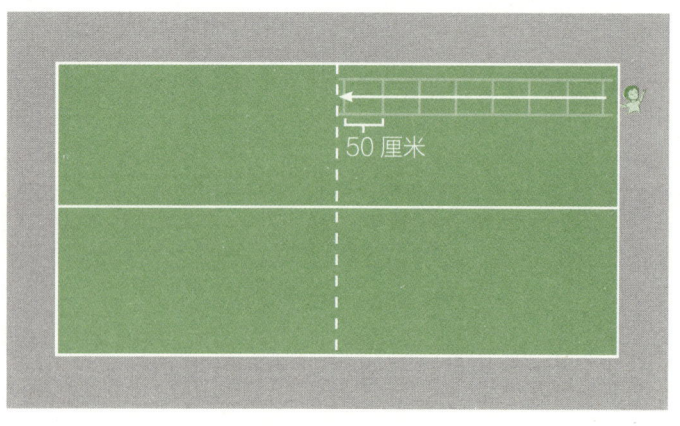

图 4 绳梯并步跳

2. 徒手射击

游戏组织：将 10 个不超过 18 厘米高的锥形桶排成一排放在距离球场底线 3 米处，摆放方向与球网平行，左右间隔 10 厘米。准备时，小球员站在底线外手持小黄球，听到"开始"口令后，小球员将球投（滚）向锥桶，不限制投（滚）球方式。

游戏规则：小球员有 10 次机会。投（滚）球时脚不能触及底线，每投中 1 次计 3 分，每滚中 1 次计 1 分。每次只能计算球碰到一个锥形桶的成绩，测试总时长 3 分钟，累计计分决定比赛成绩。

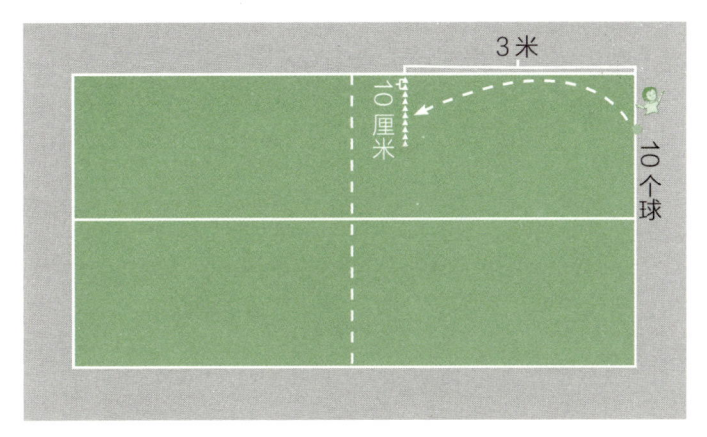

图5　徒手射击

3. 托球快跑

游戏组织：准备时，小球员站在球场边线一侧手持球拍，球拍上托 1 个小黄球，听到"开始"口令后，小球员托球快跑至另一侧边线，脚触及边线后将球托回至起点。

游戏规则：小球员有 1 次比赛机会。在比赛过程中不允许用手扶球，若球在途中掉落，小球员需将球捡回，从掉落处继续比赛,计时不停,计时决定比赛成绩。

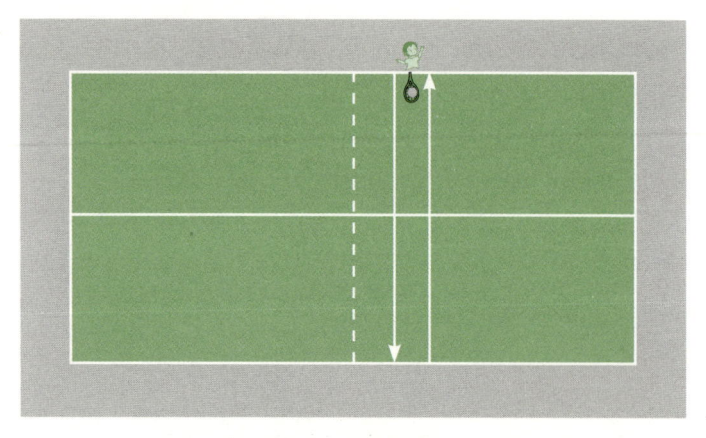

图 6 托球快跑

第3节 海绵球组游戏规则

第1条 适用人群

主要适用于5～6岁儿童。

第2条 球

海绵球：海绵质地球，球体直径8～9厘米，重量30～40克，比标球（黄球）球速慢75%。

第3条 场地

场地规格可选区间：长5.49～9.14米；宽2.74～4.27米；中央网高0.76～0.80米。

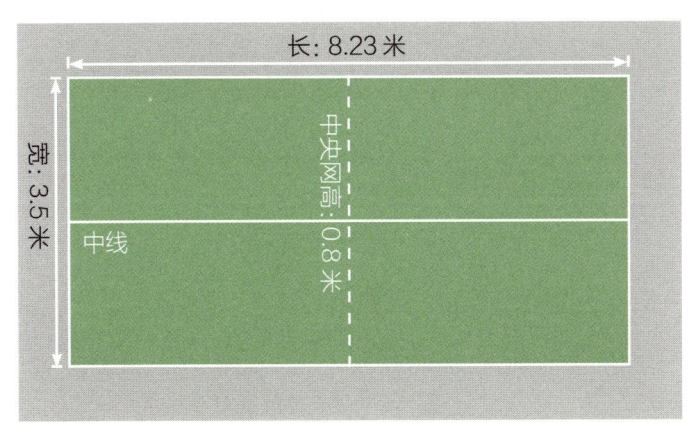

图7　建议常规场地规格

建议常规场地规格：长 8.23 米；宽 3.5 米；中央网高 0.8 米（日常练习时场地宽度和中央网高可根据实际情况在"可选区间"内调整）。

第 4 条 球拍

建议用拍规格：15 英寸（38.1 厘米）/17 英寸（43.2 厘米）。

第 5 条 游戏组织及游戏规则

1. 小兔夹球跑

游戏组织：小球员站在球场一侧边线处，准备时用下肢夹住海绵球，听到"开始"口令后，向前跳至另一侧球场边线处。

游戏规则：小球员有 1 次比赛机会。若比赛过程中球掉落，小球员需将球捡回，从掉落处继续比赛，计时不停，计时决定比赛成绩。

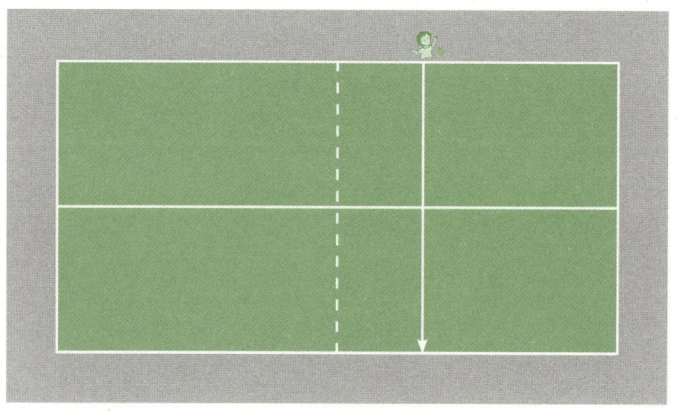

图 8 小兔夹球跑

2. 限定区域拍球竞速

游戏组织：小球员站在边长 1.2 米的正方形内，准备时小球员手持球和球拍，听到"开始"口令后，脚步在限定区域内拍球 1 分钟。

游戏规则：小球员有 1 次比赛机会。拍球过程中在限定区域内失误允许重新开始，累计拍球次数，累计总数决定比赛成绩。若拍球过程中脚踩线或脚超出规定区域，则该拍球次数不计入总成绩（球可在限定区域外）。

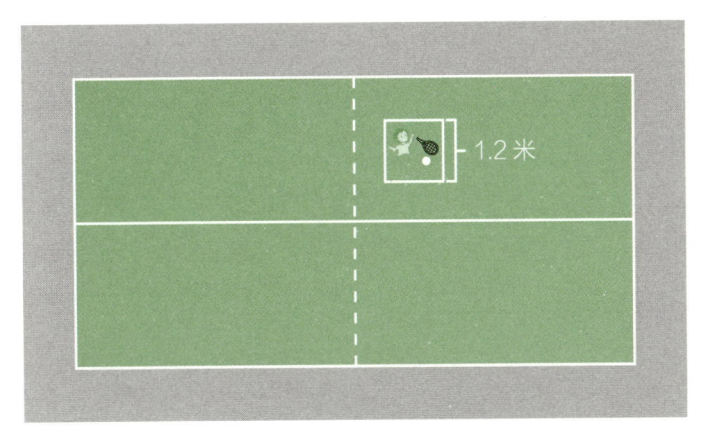

图 9　限定区域拍球竞速

3. 颠球竞速

游戏组织：准备时小球员站在球场边线一侧，一手持球、一手持拍，听到"开始"口令后，小球员颠球快跑至另一侧边线，脚触及边线后将球颠回至起点。

游戏规则：小球员有 1 次比赛机会。在比赛过程中不允许用手扶球，若球在途中掉落，小球员需将球捡回从掉落处继续比赛，计时不停，计时决定比赛成绩。

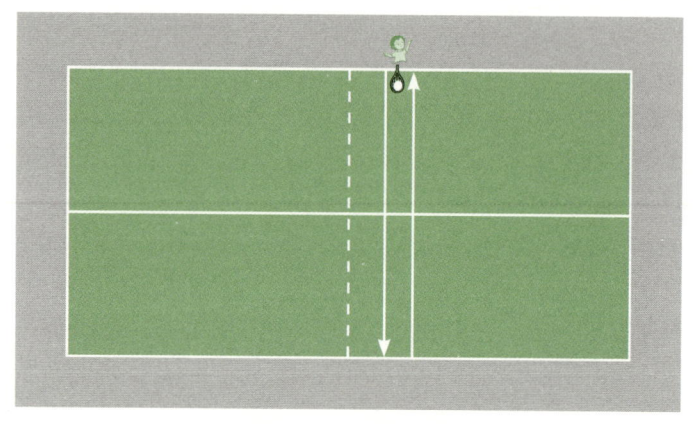

图 10　颠球竞速

4. 精准击球

游戏组织：在距离球场底线 30 厘米、60 厘米、90 厘米处各画 1 条与底线平行的直线分别定义为 4 分区、3 分区、2 分区和 1 分区，准备时小球员站在球场另一条底线处，一只手持球，另一只手持拍，听到"开始"口令后，小球员自抛自打将球击到

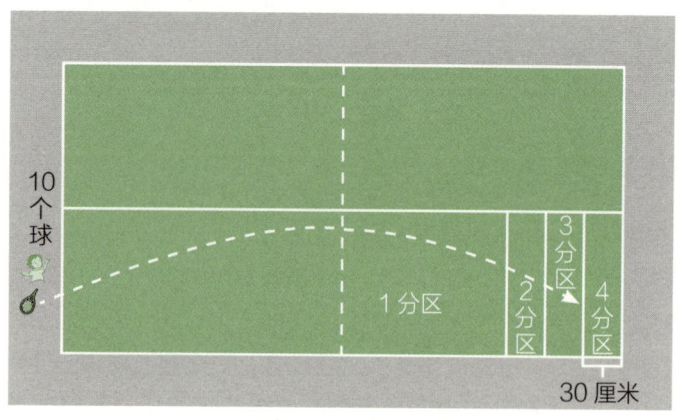

图 11　精准击球

得分区域（允许球落地弹跳 1 次后击球）。

游戏规则：小球员有 10 次击球机会，计击中相应得分区域的次数。如果球的落点在两个相邻区域之间的标志线上，记录分值较高的分值。测试总时长 3 分钟，累计计分决定比赛成绩。

第4节 红球组游戏规则

第1条 适用人群

主要适用于6~7岁儿童。

第2条 球

红球：橡胶尼龙质地球，球体直径7~8厘米，重量36~49克，比标球（黄球）球速慢75%。

第3条 场地

场地规格可选区间：长10.97~12.8米；宽4.27~6.1米；中央网高0.800~0.838米。

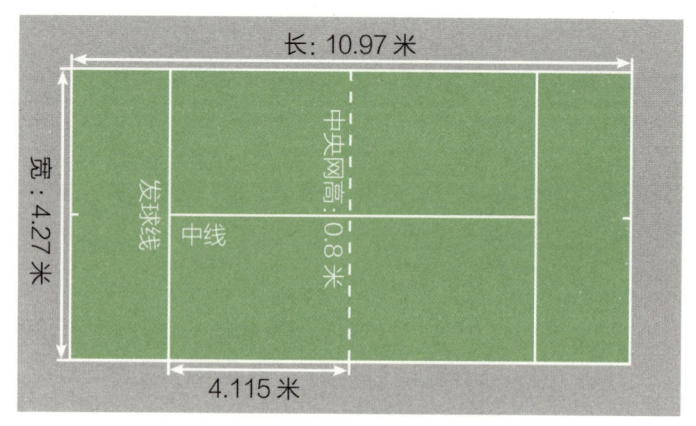

图12 建议常规场地规格

建议常规场地规格：长 10.97 米；宽 4.27 米；中央网高 0.8 米。

发球线：发球线与球网距离 4.115 米。

第 4 条 球拍

建议用拍规格：主要使用 17 英寸（43.2 厘米）/19 英寸（48.3 厘米）球拍；部分儿童可选 21 英寸（53.34 厘米）/23 英寸（58.4 厘米）球拍。

第 5 条 游戏组织及游戏规则

1. 摘星星

游戏组织：将 5 个红球分别放在球网中点、左右底线与边线交叉点、左右边线与发球线交叉点处，共 5 个点。准备时小球员站在底线中点处，听到"开始"口令后，小球员分别将 5 个球徒手取回至底线中点处，直至将所有球取回。

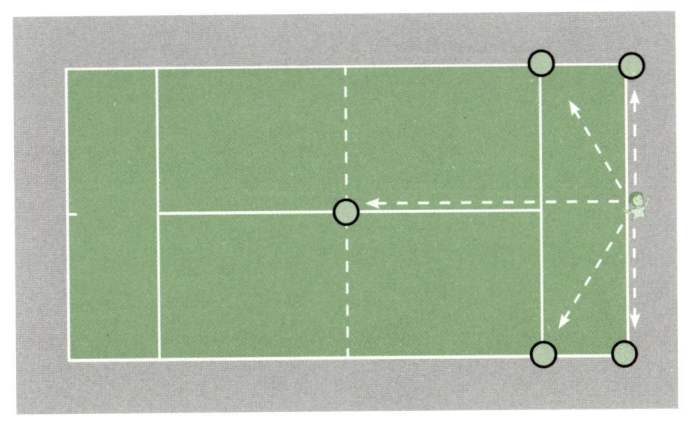

图 13 摘星星

游戏规则：小球员有 1 次比赛机会。每次移动只能取一个球，不规定移动路线，计时决定比赛成绩。

2. 行进间拍球竞速

游戏组织：小球员站在球场一侧边线处，手持球和球拍，听到"开始"口令后，行进间连续拍球至另一侧边线，越过边线后拍球返回至出发一侧边线。

游戏规则：小球员有 1 次比赛机会。若在比赛途中中断拍球，小球员需从中断处重新开始，计时决定比赛成绩。

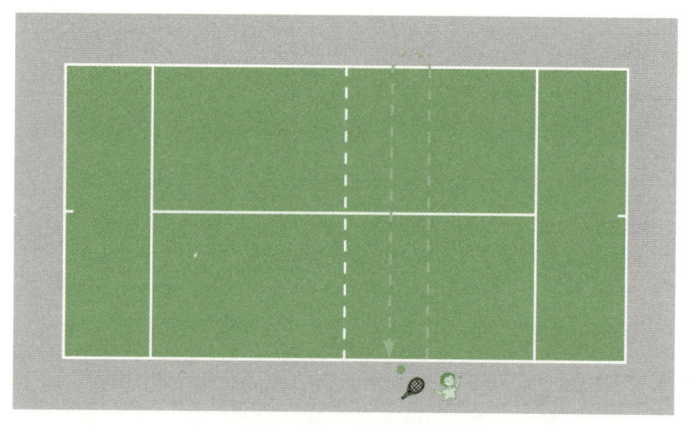

图 14　行进间拍球竞速

3. 穿越追踪

游戏组织：将半场的中线延长至底线构成一个矩形区域，并将此区域三等分，形成 4 个计分区域。靠近边线和中线区域设为 3 分区，中间区域为 2 分区，其他半场有效区域为 1 分区。准备时小球员站在另一侧底线，手持球和球拍，听到"开始"口令后，自抛自打至斜对角相应得分区域内（允许球落地弹跳 1 次后击球）。

游戏规则：小球员在左右发球区各 5 次击球机会。击出的球过网后应落在斜对角的相应得分区域内。如果球的落点在两个相邻区域之间的标志线上，记录分值较高的分值。总时长超过 3 分钟自动停止比赛，累计计分决定比赛成绩。

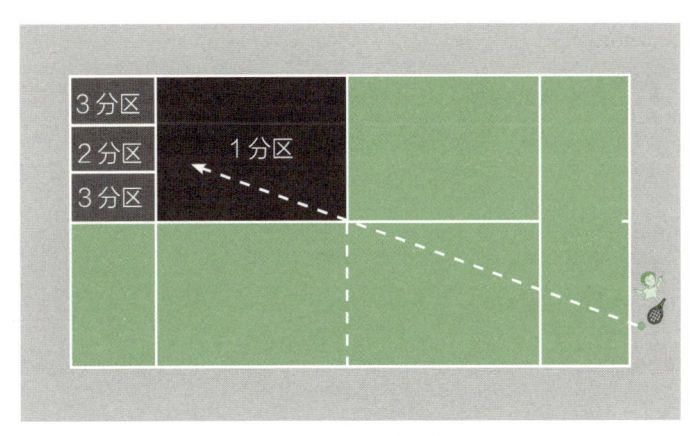

图 15　穿越追踪

4. 发球比赛

游戏组织：准备时小球员站在左发球区或右发球区，手持球

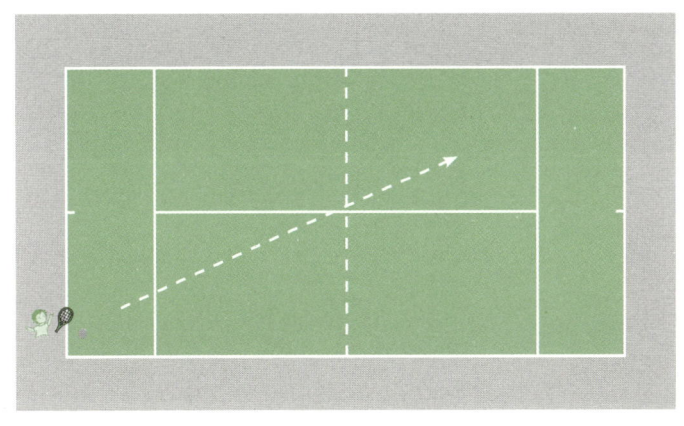

图 16　发球比赛

和球拍，听到"开始"口令后，发球至对应的接发球区内。

游戏规则：小球员左右发球区各5次发球机会。上手发球成功1次计基础分2分，下手发球成功1次计基础分1分，若单个球第二落点在场地外加1分，发球擦网入有效区域后该球重发。测试总时长3分钟，累计计分决定比赛成绩。

5. 半场发球区对抗

游戏组织：2名小球员在规定的小场地内进行比赛（发球员需下手发球）。

游戏规则：采用一局10分决胜局制。双方发球和回球的落点应在发球区域内。

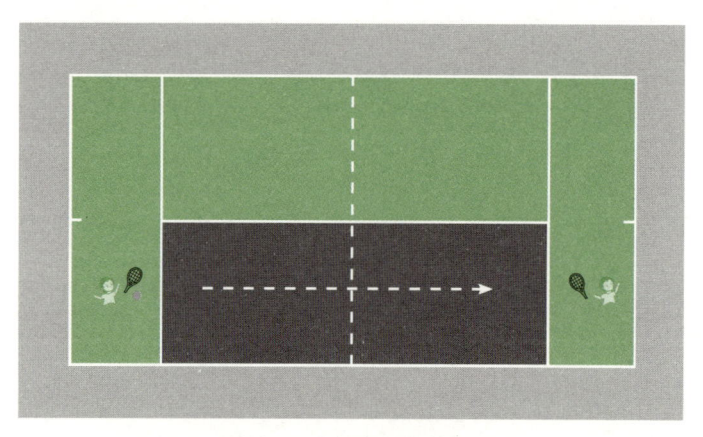

图17 半场发球区对抗

备注：在组织竞赛时，主办方可根据比赛条件、参与人数、参与人员技术水平、年龄等灵活调整竞赛组织形式、竞赛难度系数等。

小网球规则
2024

第二部分
小网球竞赛规则

第1节 红球组竞赛规则

第1条 适用人群

主要适用于7~8岁儿童。

第2条 球

红球：橡胶尼龙质地球，球体直径7.0~8.0厘米，重量36~49克，比标球（黄球）球速慢75%。

第3条 场地

场地规格可选区间：长10.97~12.8米；宽4.27~6.10米；中央网高0.800~0.838米。

建议常规场地规格：长10.97米；宽4.27米；中央网高0.8米。

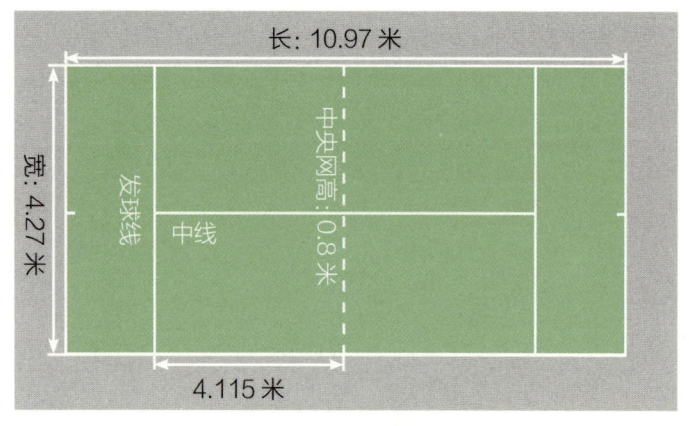

图18 建议常规场地规格

发球线位置： 发球线与球网距离 4.115 米。

第 4 条 球拍

建议用拍规格： 主要使用 21 英寸（53.34 厘米）/23 英寸（58.4 厘米）球拍；部分儿童可选 17 英寸（43.2 厘米）/19 英寸（48.3 厘米）球拍。

第 5 条 赛制

可根据赛事组织的实际情况灵活选择以下赛制：

1. 一局 7 分决胜局制；
2. 三局两胜制，每局为 7 分决胜局制；
3. 一局 10 分决胜局制；
4. 三局两胜制，每局为 10 分决胜局制；
5. 一盘四局短盘平局决胜制，无占先计分；
6. 三盘两胜制，每盘为四局短盘平局决胜制，无占先计分，盘数 1∶1 以后，决胜盘为 7 分平局决胜制；
7. 三盘两胜制，每盘为四局短盘平局决胜制，无占先计分，盘数 1∶1 以后，决胜盘为 10 分平局决胜制。

第2节 橙球组竞赛规则

第1条 适用人群

主要适用于8～9岁儿童。

第2条 球

橙球：橡胶尼龙质地球，球体直径6.00～6.86厘米，重量36～46克，比标球（黄球）球速慢50%。

第3条 场地

场地规格可选区间：长17.68～18.29米；宽6.10～8.23米；中央球网高度0.800～0.914米。

建议常规场地规格：长18.29米；单打宽6.1米，双打宽

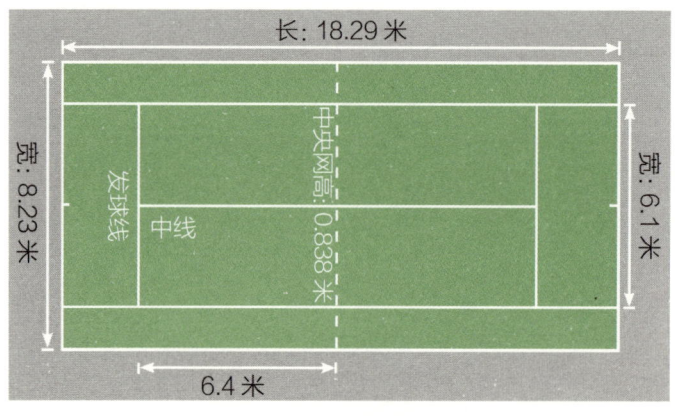

图19 建议常规场地规格

8.23 米；中央网高 0.838 米。

发球线位置：发球线与球网距离 6.4 米。

第 4 条 球拍

建议用拍规格：23 英寸（58.4 厘米）/25 英寸（63.5 厘米）；

第 5 条 赛制

可根据赛事组织的实际情况灵活选择以下赛制：

1. 一盘四局短盘平局决胜制，无占先计分；

2. 三盘两胜制，每盘为四局短盘平局决胜制，无占先计分，盘数 1∶1 以后，决胜盘为 7 分平局决胜制；

3. 三盘两胜制，每盘为四局短盘平局决胜制，无占先计分，盘数 1∶1 以后，决胜盘为 10 分平局决胜制；

4. 一盘六局平局决胜制，无占先计分；

5. 三盘两胜制，每盘为六局平局决胜制，无占先计分，盘数 1∶1 以后，决胜盘为 7 分平局决胜制；

6. 三盘两胜制，每盘为六局平局决胜制，无占先计分，盘数 1∶1 以后，决胜盘为 10 分平局决胜制。

第3节 绿球组竞赛规则

第1条 适用人群

主要适用于9~10岁儿童。

第2条 球

绿球：橡胶尼龙质地球，球体直径6.30~6.86厘米，重量47~51克，比标球（黄球）球速慢25%。

第3条 场地

规格：长23.77米；单打宽8.23米，双打宽10.97米；中央网高0.914米。

发球线位置：发球线与球网距离6.4米。

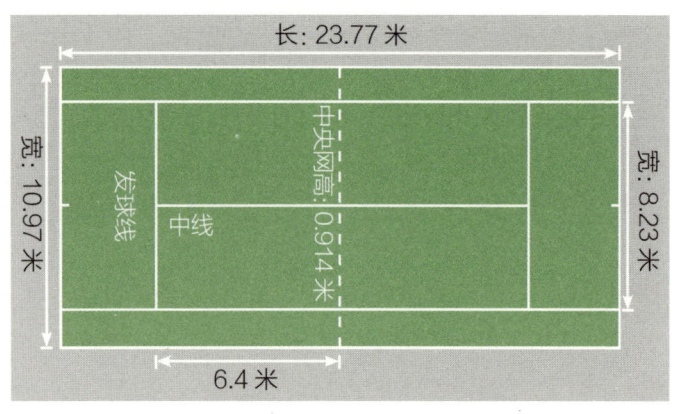

图20 建议常规场地规格

第 4 条 球拍

建议用拍规格： 25 英寸（63.5 厘米）/26 英寸（66.0 厘米）。

第 5 条 赛制

可根据赛事组织的实际情况灵活选择以下赛制：

1. 一盘四局短盘平局决胜制，无占先计分；

2. 三盘两胜制，每盘为四局短盘平局决胜制，无占先计分，盘数 1∶1 以后，决胜盘为 7 分平局决胜制；

3. 三盘两胜制，每盘为四局短盘平局决胜制，无占先计分，盘数 1∶1 以后，决胜盘为 10 分平局决胜制；

4. 一盘六局平局决胜制，无占先计分；

5. 三盘两胜制，每盘为六局平局决胜制，无占先计分，盘数 1∶1 以后，决胜盘为 7 分平局决胜制；

6. 三盘两胜制，每盘为六局平局决胜制，无占先计分，盘数 1∶1 以后，决胜盘为 10 分平局决胜制。

备注： 在组织竞赛时，主办方可根据比赛条件、参与人数等灵活选择赛制。原则上，采用信任制结合 1 人制的裁判员配置方式。

小网球规则
2024

第三部分
小网球基本技术单项挑战赛竞赛规则

第1节 线下挑战赛竞赛规则

第1条 上手发球

1. 竞赛组织

（1）球员按照网球竞赛规则规定的单打发球站位，运用上手发球技术按照规定发球线路顺序进行发球。

（2）发球线路顺序为1区外角5球，1区内角5球，2区外角5球，2区内角5球，共20球。

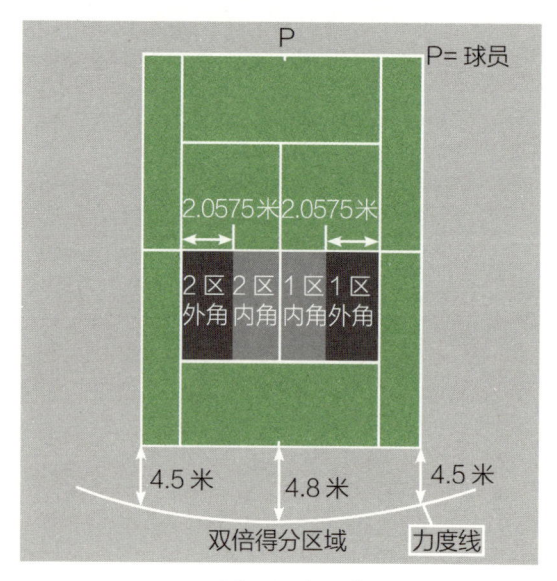

图21 上手发球

（3）发球擦网入发球有效区后该球重发。

（4）总时长为5分钟。

2. 竞赛规则

（1）裁判员根据球员有效发球的线路、落点区域分值记录得分。

（2）发球至目标区域得2分，发球至有效区域非目标区域得1分。

（3）发球至目标区域：第二落点在底线后、力度线前，在所获基础分上加1分；第二落点在力度线后，在所获基础分上加2分（女子项目的力度线向前移1米）。

（4）发球失误此球计0分，如球打在两个交界线或点上，交界线或点从属于所在区域，且记录分值较高的分值。

第2条 接发球

1. 竞赛组织

由发球机或陪测员（上手发球，站在发球线与中线交叉点附近区域）在指定位置发球，球员分别在一区和二区各连续接10个有效发球。

2. 竞赛规则

（1）裁判员按球员有效击球的第一落点及第二落点区域分值记录得分。

（2）有效击球：第一落点相应区域分数为基础分；第二落点在底线后、力度线前，在所获基础分上加1分；第二落点在力度线后，在所获基础分上加2分。

（3）击球失误此球计0分，如球打在两个交界线或点上，记录分值较高的分值。

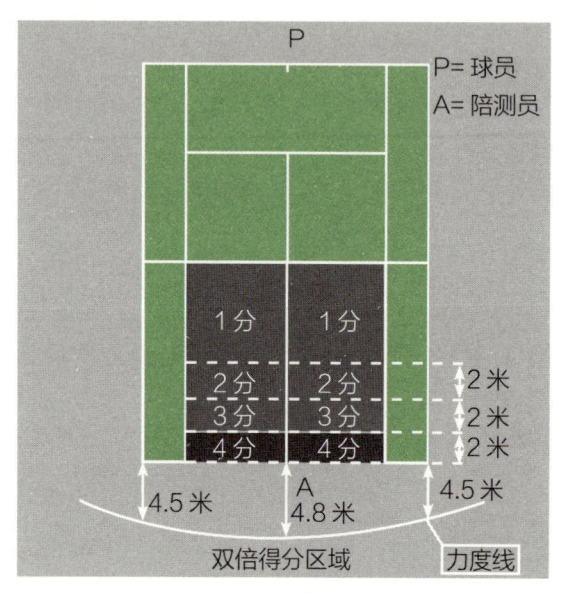

图 22 接发球

第 ❸ 条 底线击落地球

1. 竞赛组织

（1）由发球机或陪测员站在发球线与中线交叉点附近区域下手隔网随机送球，球员站于端线后中点处准备，根据来球任意使用正反拍击球技术击落地球。

（2）击球线路要求顺序为前 10 球回半场直线，后 10 球回半场斜线，共 20 球。要求必须按照规定顺序和路线回球。

2. 竞赛规则

（1）裁判员根据球员有效击球的线路、落点区域分值记录得分，有效击球第一落点相应区域分数为基础分。

（2）第二落点在底线后、力度线前，在所获基础分上加1分；第二落点在力度线后，在所获基础分上加2分。

（3）击球失误、未按规定顺序和线路击球，此球计0分，如球打在两个交界线或点上，记录分值较高的分值。

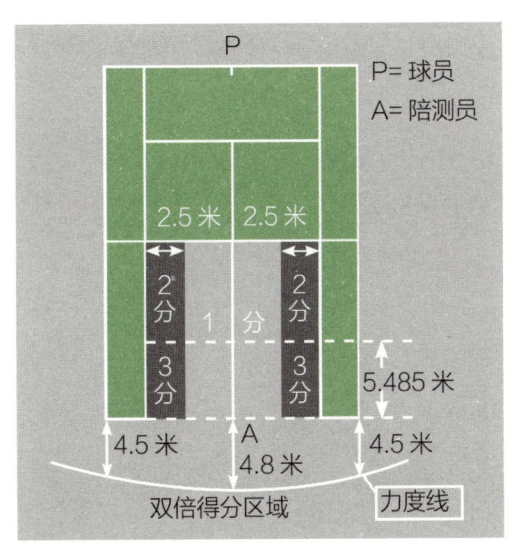

图23 底线击落地球

第4条 截击球

1. 竞赛组织

（1）由发球机或陪测员站在底线与中线延长线交叉点附近区域随机送球。

（2）球员站在距球网3米中线处准备，运用正反拍截击技术任意凌空击球，每人20次截击球。

2. 竞赛规则

（1）裁判员根据球员有效击球的落点区域分值记录得分，有效击球第一落点相应区域分数为基础分。

（2）第二落点在底线后、力度线前，在所获基础分上加1分；第二落点在力度线后，在所获基础分上加2分。

（3）击球失误此球计0分，如球打在两个交界线或点上，记录分值较高的分值。

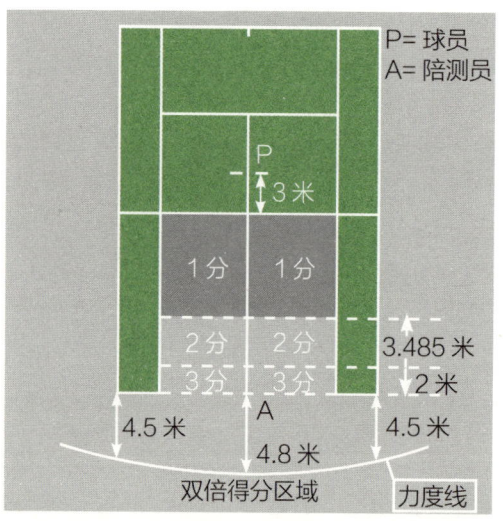

图 24　截击球

第5条 高压球

1. 竞赛组织

（1）由发球机或陪测员站在底线与中线延长线交叉点附近区域随机送球。

（2）球员站在发球线与中线交叉点处准备，根据来球完成

20次凌空高压球。

2. 竞赛规则

（1）裁判员根据球员有效击球的落点区域分值记录得分，有效击球第一落点相应区域分数为基础分。

（2）第二落点在底线后、力度线前，在所获基础分上加1分；第二落点在力度线后，在所获基础分上加2分。

（3）击球失误此球计0分，如球打在两个交界线或点上，记录分值较高的分值。

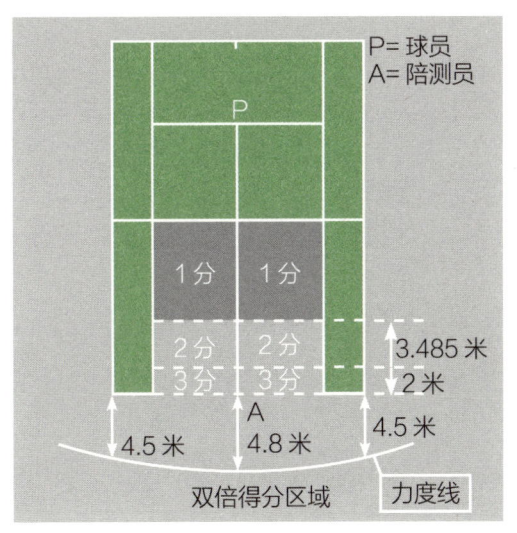

图25　高压球

第6条　削球

1. 竞赛组织

（1）由发球机或陪测员站在发球线与中线延长线交叉点附近区域向球员反手半区随机送球。

（2）球员站在底线与中线延长线交叉点处准备，根据来球完成 10 次反手直线削球和 10 次反手斜线削球。

（3）击球线路要求顺序为前 10 球回斜线半场，后 10 球回直线半场，共 20 球。要求必须按照规定顺序和路线回球。

2. 竞赛规则

（1）裁判员根据球员有效击球的落点区域分值记录得分，有效击球第一落点相应区域分数为最终得分。

（2）击球失误或错区，该球计 0 分。如球打在两个交界线或点上，记录分值较高的分值。

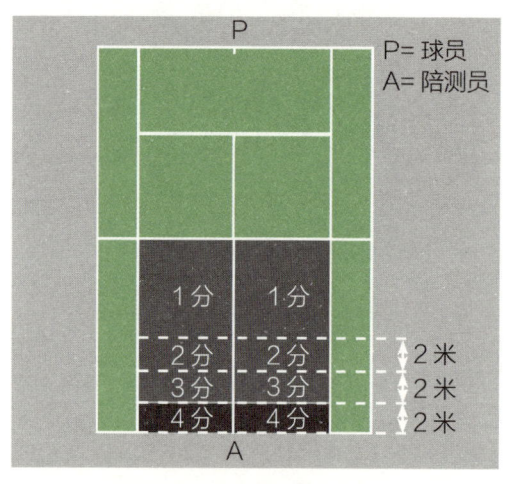

图 26　削球

备注：在组织竞赛时，主办方可根据比赛条件、参与人数、参与人员技术水平及年龄等灵活调整球员击球次数、竞赛组织形式、竞赛难度系数等。

第2节 线上挑战赛竞赛规则

第1条 组别设置

比赛设 U8 红球组（不分男女）、U8 橙球组（不分男女）、U10 绿球组（不分男女）、U10 标球组（不分男女）、U12 男子组、U12 女子组 6 个组别。

第2条 项目设置

各组别分设发球、接发球、底线击球、截击球、高压球（不含 U8 红球组）、削球 6 个单项技能比赛项目。

第3条 竞赛组织

1. 发球

（1）U8 红球组、U8 橙球组、U10 绿球组。球员按先一区后二区的顺序在每区连续 5 次上手发球，共计 10 球。

（2）U10 标球组、U12 男子组、U12 女子组。球员首先按先一区后二区的交替次序进行 5 次一发，再按先一区后二区的交替次序进行 5 次二发。

（3）一发设击球速度下限，二发设击球转速下限（不含 U8 红球组、U8 橙球组、U10 绿球组），具体参数如表 1。

（4）发球擦网且界内视为有效发球。

表 1 有效击球参数对应表

组别	发球	接发球	底线击球	截击球	高压球	削球
U8 红球组、U8 橙球组	不设速度转速要求	不设速度转速要求	不设速度转速要求	不设速度转速要求	不设速度转速要求	不设速度转速要求
U10 绿球组	不设速度转速要求	不设速度转速要求	不设速度转速要求	不设速度转速要求	不设速度转速要求	不设速度转速要求
U10 标球组	速度≥65km/h 转速≥1000rpm	速度≥50km/h	速度≥60km/h 或 转速≥500rpm	过网高度≤100cm	速度≥60km/h	转速≥600rpm
U12 男子组	速度≥90km/h 转速≥1500rpm	速度≥80km/h	速度≥80km/h 或 转速≥700rpm	过网高度≤100cm	速度≥80km/h	转速≥1000rpm
U12 女子组	速度≥80km/h 转速≥1500rpm	速度≥70km/h	速度≥70km/h 或 转速≥600rpm	过网高度≤100cm	速度≥70km/h	转速≥800rpm

备注：U8 红球组不设高压挑战项目。

2. 接发球

（1）陪测员在指定位置上手发球。

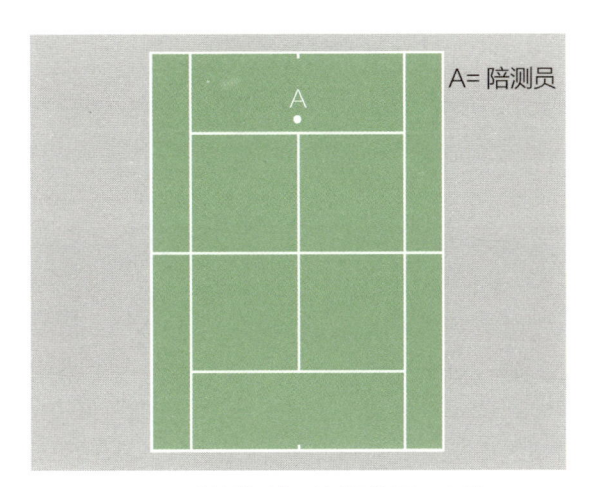

图27 "接发球"陪测员位置示意图

（2）球员按先一区后二区的顺序在每区连续接5次有效发球，共计10球。

（3）U10标球组、U12男子组、U12女子组设球员接发球速度下限，具体参数见表1。

3. 底线击球

（1）U8红球组、U8橙球组、U10绿球组。陪测员在指定位置手抛送球球员按先正手后反手的顺序各连续5次击球，共计10球。

（2）U10标球组、U12男子组、U12女子组。发球机或陪测员在指定位置隔网送球，球员按先正手、后反手交替击球的次序击球，共计10球。

（3）U10标球组、U12男子组、U12女子组设球员击球速度下限和转速下限，具体参数见表1。

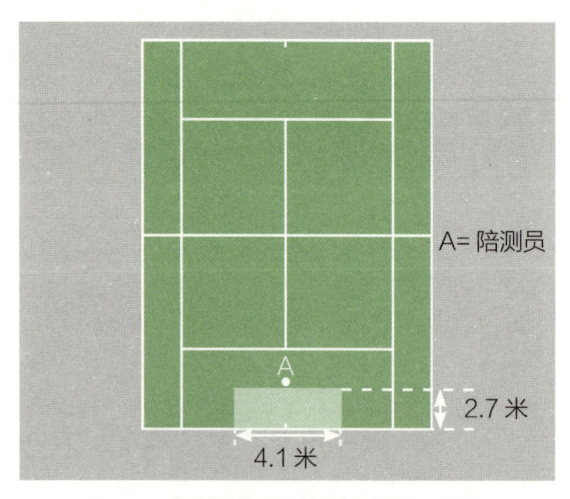

图28 "手抛送球"陪测员位置示意图

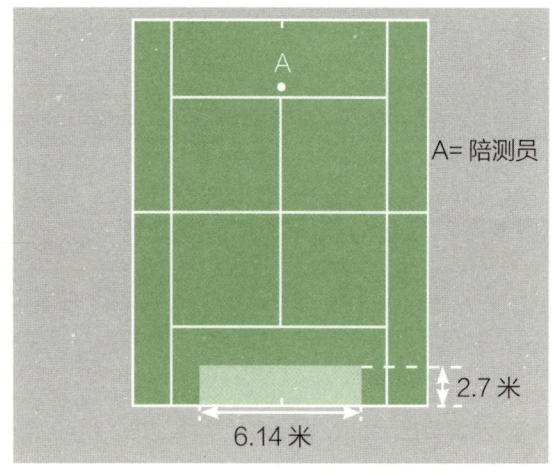

图29 "隔网送球"陪测员位置示意图

4. 截击球

（1）发球机或陪测员在指定位置隔网送球。

（2）U8红球组、U8橙球组、U10绿球组。球员在前场区域按先正手后反手的顺序各连续5次击球，共计10球。

（3）U10标球组、U12男子组、U12女子组。球员在中场区域按先正手后反手的顺序各连续5次击球，共计10球；设击球过网高度上限，具体参数见表1。

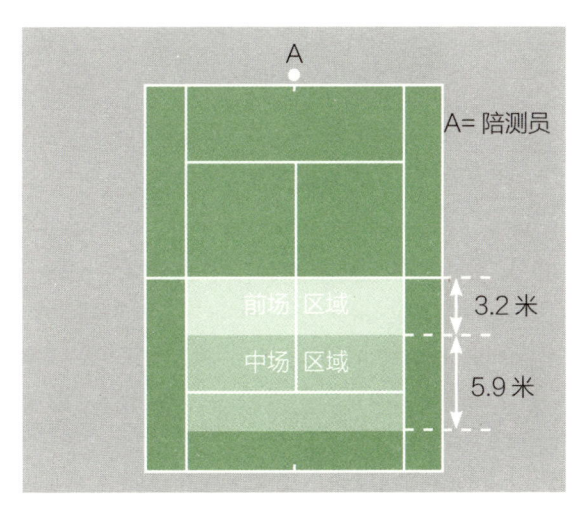

图30 "截击球"陪测员位置示意图

5. 高压球

（1）发球机或陪测员在指定位置隔网送球。

（2）U8橙球组、U10绿球组。球员在前场区域完成10次落地高压击球。

（3）U10标球组、U12男子组、U12女子组。球员在中场区域完成10次凌空高压击球。设击球速度下限，具体参数见表1。

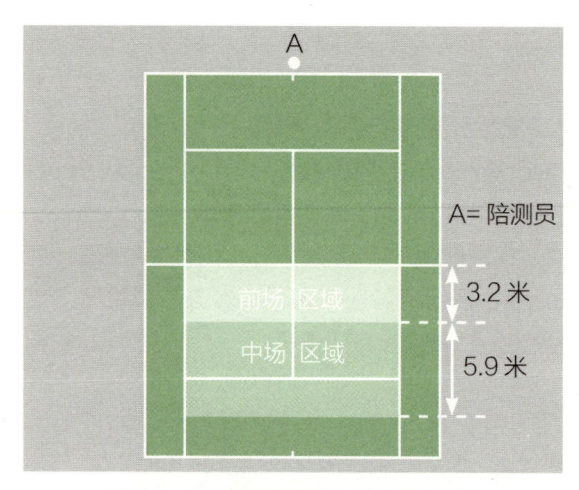

图31 "高压球"陪测员位置示意图

6. 削球

（1）U8红球组、U8橙球组、U10绿球组。陪测员在指定位置手抛送球（见图28），球员进行10次反手削球。

（2）U10标球组、U12男子组、U12女子组。发球机或陪测员在指定位置隔网送球，球员进行10次反手削球。设削球速度下限，具体参数见表1。

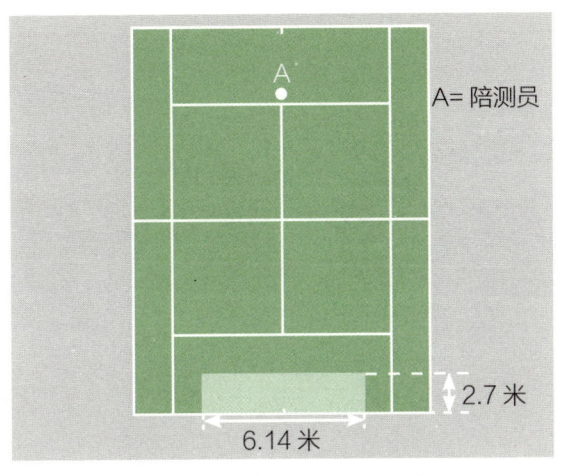

图 32 "削球"陪测员位置示意图

第 4 条 计分方法

（1）累积计分，根据球员有效击球的落点确定分值；底线击球分值根据球员回球第一落点至第二落点间的距离确定。

（2）比赛进行中因陪测员失误、电子测试系统故障、外界干扰等因素导致比赛中断，则由陪测员补球或重新开始。

小网球规则（2024）

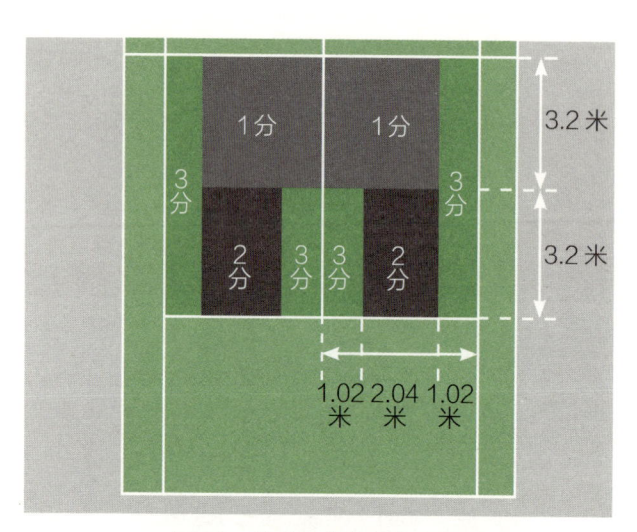

图33 发球区落点分值示意图

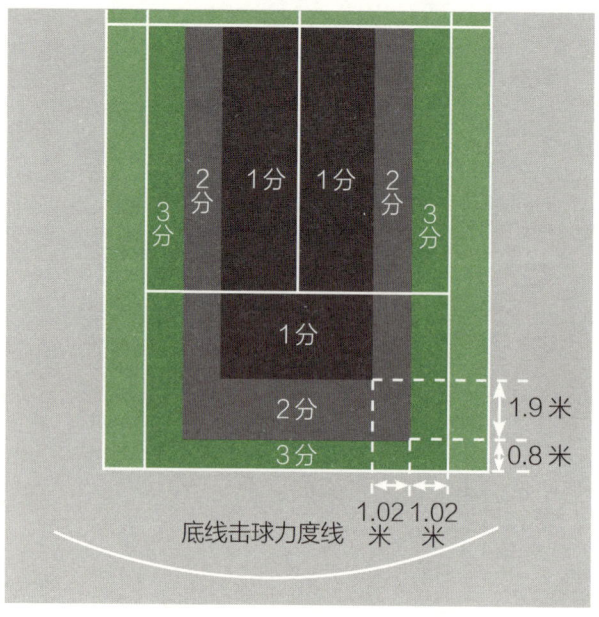

图34 场地落点分值示意图

APPENDIX 01

小网球规则
2024

附录 I
小网球参赛指引

第1节 总则

为保障参赛人员有序参赛、安全顺利完赛，保护参赛人员的合法权益，根据《中华人民共和国体育法》《体育赛事活动管理办法》(国家体育总局第25号令)、《关于加强体育赛场行为规范管理的若干意见》(体规字〔2021〕2号)等文件精神，结合小网球项目实际情况，制定本参赛指引。

第1条　本指引用于在中国境内（不包括香港、澳门特别行政区及中国台湾地区）依法举办的各级各类小网球赛事。

第2条　本指引是参加小网球赛事必须了解和遵守的事项，旨在帮助参赛人员熟悉赛事概况和参赛流程。

第3条　本指引所指参赛人员包括但不限于小球员、教练员及相关辅助人员。

第2节 参赛须知

第1条　遵守相关法律法规，不得参与违规、违法活动。

第2条　自觉维护国家利益和荣誉，自觉践行社会主义核心价值观，大力弘扬中华体育精神，营造积极向上、文明和谐的赛场氛围和媒体宣传氛围。

第3条　遵守社会公德，保护公私财物，不得损坏体育场馆设施，不得影响、妨碍公共安全，不得有违反社会公序良俗的言行。

第 4 条　遵守体育道德，不弄虚作假、冒名顶替，严禁消极比赛、干扰比赛、操纵比赛和使用兴奋剂等行为。

第 5 条　认真学习并严格遵守竞赛规则、竞赛规程等赛事相关规定，自觉服从赛事管理，维护小网球赛事正常秩序。

第3节 参赛准备

第 1 条　参赛报名

1. 阅读竞赛规程并告知相关人员。

（1）食宿是否由大会组委会统一安排、提前离会是否退费。

（2）是否需要缴纳参赛费。

（3）赛事对于人身意外伤害保险、体检证明、自愿参赛责任书的相应要求。

（4）赛事的主办、承办单位。不同级别、不同规格的赛事主办、承办单位会对赛事有不同影响，关系赛事服务质量、参赛安全等事项，应提前了解并进行评估。

如有教练员或俱乐部组织参赛，以上事项建议让小球员家长知晓。

2. 确定要参加比赛的小球员，按要求提交报名信息。

3. 组织运动员赛前体检（县级以上医院出具的 10 天内的体检报告），办理参赛保险。

第 2 条　参赛准备

1. 及时关注赛事补充通知，确定报到时间、赛事信息、酒店信息、交通指引、赛事相关要求。

2. 根据赛事补充通知要求，确定抵离方式和时间安排，提前购买机票、火车票等，尽早预定赛会酒店。如赛会提供食宿服务，应提前向赛会告知入住时间、人数、特殊房间需求、人员个人信息等。

3. 根据赛事的竞赛日程安排，做好参赛准备，尽量避免小球员出现伤病，合理搭配饮食，调整好参赛心态。

4. 提前准备并整理好参赛所需球拍、服装、拍线、医护用品、个人证件等物品。

第 3 条　报到

1. 严格按照规程规定的时间和地点报到。

2. 报到流程：

（1）核对小球员信息。

（2）如要求，上交小球员的身份证复印件、人身意外伤害保险保单复印件及本年度县级以上医院开具的健康证明复印件。

（3）领取报到资料，包括参赛证件、秩序册、赛前训练安排、出场顺序表、参赛须知等。

（4）报到结束核对参赛信息并签字确认后，组委会不再接受参赛人员调整、信息变更等。

第 4 节　比赛期间

第 1 条　餐饮安全

赛前用餐，建议吃清淡易消化的食物，不要吃得过饱，避免食用平时没有吃过的食品及生冷食品，小球员应尽量避免食用过多零食，防止比赛中肠胃不适。

第 2 条　赛前检录

参赛人员应提前阅读秩序册中的比赛安排，了解赛事和场地，按照相关要求带好个人证件，至少提前 20 分钟（组织小球员）到场地进行检录。

第 3 条　训练场地预定

根据赛事补充通知或赛场信息公告栏通知，按时间要求进行适应性训练（如需要）。

第 4 条　比赛期间申诉

如对比赛有异议应根据以下流程申诉：

异议→书面申诉→递交仲裁委员会→调查核实→书面意见反馈

申述应在该场比赛结束后 30 分钟内提出，决赛阶段的申述在该场比赛结束后 5 分钟内提出，将申诉表提交至技术代表处（或仲裁组）。

第 5 条　应急情况处理

在赛事期间（小球员）如出现身体不适，应及时向组委会寻求帮助，以确保身体安全。发现身体不适，应即刻休息并采取措施，切勿逞强参赛（如教练员或俱乐部组织参赛，应及时告知小球员家长）。

场地上设医务处，如有不适应及时向医生咨询。

第 5 节　赛后注意事项

第 1 条
赛后及时领取成绩册、获奖证书等相关资料，按规定办理离会手续，并安全返程。

第 2 条
比赛结束后无论输赢，都应（引导小球员）保持平和心态，做好赛后恢复调整（注意调整饮食，做好按摩放松），并进行赛后总结，以便提升水平。同时，应分别针对赛前准备、参赛安排、比赛能力、技战术发挥等方面进行总结，为下次参赛积累经验。

第3条　对于可授予运动员技术等级称号的赛事，如符合相关申请条件，应及时按要求（组织小球员）申请相应运动等级。

第6节 "黑名单"管理制度

小网球赛事将根据情况实行"黑名单"管理制度，参赛人员和参赛单位如出现违反参赛要求的行为，将被记入"黑名单"，视其情节严重程度，予以警告、取消参赛身份、取消该运动员（单位）比赛资格、取消录取名次、取消领奖资格和追加停赛等处罚。

APPENDIX 02

小网球规则
2024

附录 II
小网球竞赛工作指南

第1节 总则

第1条 本竞赛工作指南用于在中国境内（不包括香港、澳门特别行政区及中国台湾地区）依法举办的各级各类小网球赛事。

第2条 本竞赛工作指南是组织小网球赛事必须了解和遵守的事项，旨在帮助竞赛组织人员、工作人员和技术官员熟悉与竞赛相关的各项工作。

第2节 竞赛组织工作机构及职责

第1条 竞赛组织

根据不同的比赛规模，设立竞赛委员会、竞赛部或竞赛处，由若干负责竞赛人员组成。在大会组委会统一领导下，负责整个大会的竞赛组织工作。如需要，竞赛团队由竞赛主任统筹负责、竞赛工作经理组织运行，该团队包括竞赛组织小组、技术官员服务小组、参赛人员（球员）服务小组、竞赛技术运行小组、场地器材运行小组。规模较小的竞赛，相应小组应尽量精简人员，也可由专人承担小组职责。

第2条 竞赛工作负责人与机构岗位职责

1. 竞赛主任岗位职责

负责训练组织、代表团服务、场地器材等方面工作，做好分管业务口突发事件处置工作。

2. 竞赛工作经理岗位职责

（1）负责主持竞赛工作组全面工作。

（2）协助竞赛主任、竞赛执行单位制订和执行竞赛项目运行计划，建立和管理竞赛团队。

（3）制订竞赛团队工作人员需求计划和培训计划。

（4）制订竞赛运行计划。

（5）整理运行所需的体育器材清单、规格及数量。

（6）协调落实成绩处理和计时记分有关工作。

（7）及时报告和处理竞赛中各工作小组的有关问题。

（8）及时向竞赛和场地器材运行小组汇报竞赛工作推进情况。

（9）统筹协调住宿、安保、交通、医疗等各项保障工作。

（10）及时报告和处理与竞赛有关的问题。

（11）参加领队会议，听取和协助解决各队要求和问题。

第3条 竞赛组织小组岗位职责

1. 负责统筹协调竞赛工作小组赛事运行总体工作。

2. 负责竞赛工作小组工作人员的培训和管理。

3. 负责竞赛工作小组的日常会议和汇报管理。

4. 协助竞赛工作小组完成各项竞赛筹备工作。

5. 制订竞赛工作小组运行所需的物资设备清单，提供后勤保障和服务，做好竞赛工作小组工作人员的服装、住宿、交通和餐饮等统计工作。

6. 负责协调场馆中心其他相关工作小组，反馈、上报、处理竞赛中的相关突发事件，确保竞赛工作的正常运行。

7. 负责提交赛时竞赛运行报告（如需要）。

8. 完成竞赛工作组各阶段（图片、影像和文字等）收集、整理和归类。

9. 负责赛时收集气象信息并及时通报竞赛工作组各团队。

10. 建立竞赛工作组台账。

第 4 条　技术官员服务小组岗位职责
1. 负责赛时技术官员功能用房的准备工作。
2. 负责技术官员赛时联络工作。
3. 负责技术官员功能房区域动态需求服务。
4. 协调好场馆中心各工作组，协调场馆中心，做好技术官员的功能用房、比赛、训练、信息、交通、接待、餐饮等服务保障工作（如需要）。
5. 完成技术官员服务相关的其他工作。

第 5 条　参赛人员（球员）服务小组岗位职责
1. 负责参赛人员赛时联络工作。
2. 做好参赛人员引领服务工作。
3. 协调参赛人员的适应训练安排。
4. 完成其他相关工作。

第 6 条　竞赛技术运行小组岗位职责
1. 建立和管理竞赛技术运行团队。
2. 向场馆中心有关部门提出竞赛技术要求。
3. 协助编排竞赛、训练等日程和班车时刻表（如需要）。
4. 赛前做好与相关组织者的沟通，协助做好比赛的抽签和赛前技术方案。
5. 做好场馆竞赛信息咨询相关工作。
6. 当比赛出现延误、推迟和取消等情况时，依据相关预案提出处理方案。
7. 负责竞赛相关各类表格样式设计、管理、分发工作；组织和管理竞赛编排团队。
8. 做好竞赛信息及时报送及分发工作。
9. 负责各比赛日（各单元、各场次）竞赛成绩的及时传送工作。

10. 协助做好颁奖仪式和兴奋剂检查工作（如有）。

11. 建立竞赛技术运行组台账。

第 7 条　场地器材运行小组岗位职责

1. 做好体育器材和通用器材验收、入库、分发、回收等管理工作。

2. 协调落实成绩处理相关设施设备。

3. 培训、管理负责器材的工作人员。

4. 确保所有训练（热身）、比赛器材符合要求，做好及时送达、维护工作。

5. 跟踪比赛场馆内器材使用情况，提供每日器材使用情况报告（如需要）。

6. 负责消耗性体育器材的及时补充。

7. 制订赛场区域管理方案。

8. 协助做好场地的环卫、清废及物业管理工作。

第 3 节　竞赛项目文件

第 1 条　竞赛规程（略）

第 2 条　竞赛日程（略）

第 3 条　比赛秩序册（略）

第 4 条　比赛成绩公布（略）

第 5 条　比赛成绩册（略）

第4节 竞赛筹备工作

第1条 制定文件报表

1. 竞赛规程。
2. 大会活动日程表。
3. 交通时刻表。
4. 训练日程。
5. 竞赛日程。
6. 竞赛秩序册。
7. 成绩公告模板。
8. 体育道德风尚奖评选办法和选票模板。
9. 颁奖仪式模板。

第2条 组织工作

1. 审核小球员参赛资格。
2. 联络、协调、检查赛区竞赛工作。
3. 检查、落实比赛场地器材、功能用房等。
4. 负责培训、管理竞赛工作人员。
5. 指导比赛成绩证书、奖牌及各类奖励工作的落实。
6. 制定重大事件紧急预案和应急机制。
7. 处理好日常竞赛事务。

第3条 档案工作

1. 竞赛规程、报名更改及竞赛成绩册建档。
2. 竞赛数据资料建档。
3. 原始记录表扫描建档。

第5节 竞赛实施工作

第1条 赛前工作

1. 确认器材清单、场地标准等要求。
2. 接纳和确认报名表。
3. 落实住宿、餐饮、交通。
4. 检查比赛场馆和热身、训练场地。
（1）检查场地设施、场地大小、网柱高度。
（2）检查落实场地光线。
（3）落实记录台、检录台布置。
（4）落实话筒、音响（相关音乐素材）并通电运行。
（5）检查落实医务、救护车。
5. 协助召开组委会。
6. 赛前技术会（教练员联席会）。

第2条 赛中工作

1. 确保每场比赛顺利进行，协调落实赛中各项工作。
2. 处理比赛中可能出现的意外事件。
3. 每场比赛结束后，收集原始比赛记录。
4. 公布每日竞赛成绩，确保参赛队和观众了解比赛进展。

第3条 赛后工作

1. 清点器材设备。
2. 汇总比赛资料存档备案。
3. 总结本次竞赛组织工作。

第6节 比赛需要

第1条 比赛场地

根据比赛要求设置相应的比赛场地。

第2条 比赛器材

1. 裁判椅：高度应在1.82～2.44米。若使用麦克风，必须固定安装，且须有开关。裁判椅周围不得安装可供公共广播的麦克风。

2. 运动员椅：没有特殊情况下，安排在主裁判椅的两侧，应有遮阳伞。

3. 场上用品：应配备垃圾桶。有条件的情况下应配备饮水设备、冰桶、球桶等。

第3条 比赛区域划分

合理的赛区划分有利于比赛的顺利进行，根据比赛规模合理设置观众活动区、运动员准备区、体育竞赛区、体育展示及颁奖仪式区等。

第7节 参赛球员

第1条 参赛规定

运动员参加比赛，须遵守国家体育总局《运动员守则》有关规定，在赛场注意文明礼貌，展示良好的体育道德风尚，着装整齐。

第 2 条　服装

1. 球员上场比赛、赛前练习应穿着洁净的网球运动员的常规服装。

2. 组委会须对参赛代表单位和球员的冠名、广告等标识进行认真检查，各参赛单位及运动员须严格遵守国家有关法律法规和相关规定，积极配合组委会的检查工作。违反规定的球员将被主裁判或裁判长要求立即更换服装或装备，拒不服从的球员可以立即取消其比赛资格。

第 8 节　参赛人员接待

第 1 条　住宿安排

1. 承办方应尽可能就参赛人员的食宿及当地交通给出适当建议。

2. 住房卫生条件良好，具备独立卫生间，24 小时供应热水。

第 2 条　膳食安排

1. 如统一用餐，须确保饮食卫生，设立食品监督和检查机制，保证合理的、符合运动需要的营养搭配和热量摄取。

2. 如统一用餐，须根据组委会要求确定球员一天的餐标。

第 3 条　交通安排

1. 要明确建议住地与比赛场馆的车程时间，明确比赛时间。

2. 如提供班车，比赛期间应根据赛程安排设置滚动发车时间。

第9节 技术官员接待

第1条 住宿安排

1. 承办单位须妥善安排技术官员的住宿和交通。

2. 技术官员住地应尽可能安排在比赛场馆附近；住房条件良好，具备独立卫生间，24小时供应热水。

3. 原则上技术官员住宿安排标间。

4. 住宿地方应尽可能提供会议室并根据需要配备投影仪、话筒和音响等设备。

5. 住地应尽可能设置信息栏。

第2条 膳食安排

1. 确保饮食卫生，设立食品监督机制，保证合理搭配。

2. 伙食费由组委会负责。晚间比赛后（一般指21:00结束比赛后）原则上为裁判员提供宵夜或夜餐费。

第3条 交通安排

1. 为技术官员报销往返车费，根据赛事要求为技术官员提供由机场或火车站至住地的交通。

2. 比赛期间，为技术官员安排住地与赛场的交通。

参考文献

［1］中国网球协会.中国网球协会网球运动技术等级标准及评定办法（试行）［Z］.北京：中国网球协会，2018.

［2］殷建巍,万建斌,黄珊.网球裁判法解析［M］.2版.北京：人民体育出版社，2019.

［3］国际网球联合会.play&stay 网球手册［M］.3版.伦敦：英国 Welshpool 印刷集团公司，2022.

［4］中国网球协会审定.网球竞赛规则（2023）［M］.北京：人民体育出版社，2023.